做一個『篤定的自己』除了認真、踏實、努力以外
尚應在內心中建立一個信仰、願景及虔誠的祈禱

【祈願的修練】

可以提昇事業的經營與積極向上

祈願的修行以提昇內心精進成就為主導，對於自己工作事業的規劃、經營從事，就是一件非常重要的修持功課，因此祈願的修持，除以宗教的理念與神佛慈悲法，要能幫助事業的順利以外，更重要的是，不論是從工作專業領域，或從精神層面的祈願學習，都能使靈性成就，心性積極提昇進取向上。

【祈願的修練】

可以提昇人與人之間的和諧與廣結善緣

祈願的真修實練的修行，以一本謙虛為懷，凡事謙懷禮讓關懷付出，要求注重人與人之間的和諧相處，多方關懷左鄰右舍親朋好友，熱心助人廣結善緣，以幫助人關懷人為主，尤其對於平日的廣結善緣，亦無論是對自己有利或無利益，都應努力關懷且學習有規劃的去執行與付出。

【祈願的修練】

提供行功立德機會讓你的一生有價值有意義

祈願強調『慈悲、關懷、付出』的實踐精神，藉由真心的祈願護持或公益活動推展，一來讓宗教慈悲的胸懷能得到落實與實踐，二來藉由公益活動的推展，使社會風氣能獲得改善助益，三來更藉真心祈願關懷，讓祈願的內涵成就功德，來改善自己的人生觀、做事態度、方法、等等的真實功德。

祈願的十大利益

一、虔誠的祈願可以學習尊天敬地的精神，感應天地自然的神妙助力。
二、虔誠的為父母祈願，可以祈求父母身心健康，行孝心盡報父母養育恩。
三、虔誠的祈願促使家庭關懷、改善子女不乖、小人纏身、交友不良的因業。
四、虔敬的祈願可以化解恩怨情仇的因緣、解除是非糾纏，解冤釋結。
五、虔敬的祈願可以提昇智慧，讓自己的心性及內在靈性能力更提昇。
六、虔誠的祈願能使本命功名格提昇，成就事業及考試功名的最大助力。
七、虔誠的祈願能使身體健康、化解長年吃藥生病難癒者。
八、虔誠的祈願能化解本命姻緣的不順、促使婚姻的圓滿。
九、虔誠的祈願能得貴人相助，使事業財運順遂。
十、虔誠的祈願能得最大的福報及無量的事業。

抄寫祈願文的説明

靜心抄經、祈願文是另一種靜心的練習，我們稱為「引導式靜心」，透過抄寫經文、祈願文使我們的內心澄淨清明，具有開啟心靈、發掘善根、增長智慧、增福消業的實質功德外，更能讓我們修身養性、注意力集中、心中無妄想雜念、達到靜心的功用！

抄經、祈願文有很多好處，除了有祝願的發心慈悲善念外，更有很大的自性功德利益，還能培養我們的定力！因為當我們以最虔誠、恭敬的心，書寫經文祈願文時，整個身心都會投入其中。當一個人能夠集中精神之後，就比較不容易為外界所動搖，而且也能斷除種種雜念，以達到一心不亂之境。一心不亂的定力，更能發揮為親朋戚友祝福祈願的最大神效！

為 立願精進成就一生 祈願 疏文

今 據

弟子：

為祈

祈願事

恭

旨

玄靈高上帝暨列聖恩師
本宅家神　暨列位恩師之尊前
竊　思
神威顯赫　妙法無邊
能明陰陽善惡　得知前後因果
今弟子猶恐無知
致使業因纏牽　諸事不順

是以今良辰吉日

修文恭稟　祈願迴向

玄靈高上帝暨列聖恩師呀！

我們非常渴望您的庇佑

庇佑讓我不再徘徊疑惑，

庇佑讓我在混亂裡

擁有智慧信心能夠克服困竟

庇佑讓我在黑暗裡
找到光明希望能夠勇往直前
玄靈高上帝暨列聖恩師
您的慈悲庇佑
我要立願精進積極努力，
我要立願找到人生的目標，
我要發心行功立德

挫敗困厄遭受批評的時候，
能夠不氣餒不懊惱
遇到瓶頸恐懼徬徨的時候，
能夠反省懺悔積極進取
玄靈高上帝暨列聖恩師呀！
我立願能成為恩主的座下生，
在恩師庇祐下

能夠化解一切災厄平安無礙
我更祈願有堅定的信仰，
有恩師的指引，
擁有良善因緣，貴人的成全
祈願獲得財運福報，
祈願專業能力提升，
祈願人際關係更圓融圓滿！

玄靈高上帝暨列聖恩師呀！

我們非常渴望您的庇佑！

請求您接受我至誠的祈願！

請求您接受我至誠的祈願！

伏　冀

玄靈高上帝暨諸聖仙佛！

懇求您鑑此愚忱

據情啟奏　得消前愆

加持庇祐　平安納祥

無任懇禱之至　瞻仰之至！

天運　年　月　日　九叩

上申

淨三業神咒

身中諸內境　三萬六千神
動作履行藏　前劫並後業
願我心自在　常住三寶中
當於劫壞時　我身常不滅
誦此真文時　身心口業皆清淨
急急如律令

淨三業神咒

身中諸內境　三萬六千神
動作履行藏　前劫並後業
願我心自在　常住三寶中
當於劫壞時　我身常不滅
誦此真文時　身心口業皆清淨
急急如律令

淨三業神咒

身中諸內境　三萬六千神
動作履行藏　前劫並後業
願我心自在　常住三寶中
當於劫壞時　我身常不滅
誦此真文時　身心口業皆清淨
急急如律令

淨三業神咒

身中諸內境　三萬六千神
動作履行藏　前劫並後業
願我心自在　常住三寶中
當於劫壞時　我身常不滅
誦此真文時　身心口業皆清淨
急急如律令

淨三業神咒

身中諸內境　三萬六千神
動作履行藏　前劫並後業
願我心自在　常住三寶中
當於劫壞時　我身常不滅
誦此真文時　身心口業皆清淨
急急如律令

淨三業神咒

身中諸內境　三萬六千神
動作履行藏　前劫並後業
願我心自在　常住三寶中
當於劫壞時　我身常不滅
誦此真文時　身心口業皆清淨
急急如律令

淨三業神咒

身中諸內境　三萬六千神
動作履行藏　前劫並後業
願我心自在　常住三寶中
當於劫壞時　我身常不滅
誦此真文時　身心口業皆清淨
急急如律令

玄靈高上帝《關聖帝君》聖諭

淨三業神咒是玄靈高上帝《關聖帝君》，在這人心不安的時代，符應天運，立教門，引證皈入圓融國度，大誓宏願救劫，敕頒救劫化厄的無上靈驗神咒。

神咒，指不能以言語說明的特殊靈力之祕密語，乃祈願時所抄寫唱誦之祕密章句。

咒的本義作祝，係向諸天神佛禱告祈願，令祛除厄難、祈求利益時所抄寫誦念之密語。

一見此諭：勤持抄寫勤誦。愛兄弟。信朋友。睦家族。和鄉鄰。敬夫婦。愛子孫。
多行方便。廣積陰功。戒殺生。萬惡消滅。自必百福千祥。如雲集矣。
有能持誦，消凶聚慶。求子得子，求壽得壽。
富貴功名，皆能有成。凡有所祈，如意而獲。
萬禍雪消，千祥雲集。諸如此福，惟善所致。
吾本無私。惟佑善人。眾善奉行，毋怠厥志。

玉線 玄門真宗 教

玄門真宗是一以承續固有文化法源「金玉滿堂」法証，追求「生命圓滿」的無上精神內涵，以完整的天地人、三才一貫依旨及陰陽對等的圓融法趣，對於法界來去之間的甚深奧妙及生命之間的因果關係、生息本源、圓融的依止，甚深微妙法界、生命生息等等的修行法要有著非常殊勝的旨趣要訣。

並以建立聖凡雙修的玄門真宗圓融國度，發揚、延遞屬於固有文化根源精神的宗教法脈，更以宗教的慈悲誓願心，力修宗教師成就「天人師」的行諸渡化方便法門，勸以聖凡皆修圓滿的真如圓融大道，並促以知從「聖凡雙修」中尋求自我生命意義的昇華，及以同體大悲的精神，回饋社會，服務人群的職志。